正観さんの しあわせ 絵《え》言《こと》葉《ば》

言葉 小林正観
絵 斎灯サトル

まえがき

斎灯サトル

私が小林正観さんに出会ったのは、１９９６年頃でした。10代だった私は、半月バイトをしてお金を貯めて、残り半月は、自転車で全国を回ってボランティアに参加したり、旅先でバイトをしたりと、自分探しの旅ばかりしていました。文章にすると優雅な感じですが、当時の私は、自己否定の塊《かたまり》で、人づき合いも下手で、なんとか自分を変えたいと、もがき苦しんでいる日々でした。

19歳の時、関西のある宿に泊まりました。その宿で、たまたま出会ったのが正観さんです。その頃の正観さんは、旅行作家をされていました。そこで私は、はじめてお会いした次の日から、取材に同行させていただくことになりました。

その後も絵の勉強などしたことがない私に、書籍の挿絵を頼んでくださり、正観さんの勧めもあって、そのまま画家の道に進むことになりました。

最初の5年は絵描きだけではまったく生活が成り立たず、バイト漬けの日々でした。でも、「技術も大事、知識も大事、そして感謝の心で接していれば、必ず人に喜んでもらえるような仕事ができるようになる」と正観さんが励ましてくださったのを、今でも覚えています。出会ってから正観さんがお亡くなりになる２０１１年までの15年間、年１００日くらいご一緒させていただきました。

私も今では絵の仕事も順調となり、毎年50回以上、全国各地で講演会も開催させていただいております。

また珍しい活動としては、神社仏閣の大天井画も描かせていただいています。

奇跡的でありがたいご縁が続き、なによりみなさまの応援もあり、日本で一番、大天井画の枚数を描くことができました。

大天井画を描く時は、とにかく気力・体力・集中力が重要です。その気力・体力・集中力の根源は「感謝」だと実感しています。

「ものの見方、考え方で、感謝の心を持つことができる」

このマインドの土台を作ってくれたのが正観さんであり、正観さんの本や言葉です。

正観さんには恩返しが何もできませんでしたが、この本を通じて正観さんの言葉で元気になれる人が増えたら、とても光栄です。

まえがき――小林正観

この本は、斎灯サトルさんが自分自身の体験から「安らぐ」「幸せになる」と感じた文を書きためたものです。

さらにそこに絵をつけてくれました。

本来なら一点一点、サトルさんが直筆で販売しているものですが、それらをまとめて本にして出したいということなので快諾しました。

これらの言葉で一人でも安らいでくれる人がいたら幸せです。

本書はサトルーチ出版刊『しあわせ言葉の本』（２０１０年）を改題し、本文と絵を新たに書き下ろしたものです。

正観さんのしあわせ絵《え》言《こと》葉《ば》《目次》

第三章　心

第四章　幸

第五章 道

装丁・本文デザイン　ツカダデザイン

第一章 生

正観
斎灯

グジャグジャの私。ドロドロの私。
そのドロを糧として蓮が咲く。
グジャグジャでドロドロの私を
励ましてくれる蓮の花。
濃いドロほど、
大輪で美しい蓮花を咲かす。

泥が濃いほど、蓮は美しく咲く

私は今まで個人セッションで、延べ2万人以上の方に向き合わせていただき、また講演会などでも大変多くの方と関わらせていただきました。その中で強く思うことは、「脳が嫌がること」「魂が望まないこと」は「自己否定・自己嫌悪」なのだということです。

失敗と思える経験などは学びが大きく、その分、人は優しくなります。また感謝に気づきます。経験から知恵もつきます。

せっかく失敗という素晴らしい体験をしているのに、多くの人は自己嫌悪の材料にしてしまっています。

深い経験をして多くを学び、人生観が広がったのに、その経験をつらかったこと、悪として捉えてしまう人が、たくさんいるのです。

お釈迦さまは、蓮の花を愛しました。

なぜお釈迦さまが蓮の花を愛したかというと、蓮の花は泥の中で咲き、しかも泥が濃いほど見事に咲きます。それを人生も同じであると見立てたからです。

失敗やつらかったことを「泥」にたとえると、それは自分の人生を豊かにする栄養となる、魂的に素晴らしい体験なのです。

この言葉が身体に沁《し》み込むまでは、私も「泥」を、ストレス、悲しみ、苦しみ、自己嫌悪の材料にしていました。

この言葉を何度も自分に言い聞かせ、「成長の糧《かて》」をいただいていると実感できるようになった頃、過去の体験、今の行動、未来への挑戦に対する恐怖がなくなりました。そしてのびのびと行動して、本領を発揮していけるようになりました。

この蓮の言葉は、「深い体験を、自己嫌悪の材料とせずに、人生の体験として大切に活かしてほしい」という正観さんのメッセージなのだと思って私は大切にしています。

正観
斎灯

この世に生まれた目的は
「喜ばれる存在になること。」
「喜ばれる存在」の喜びは、
「自分が喜ぶ」喜びとは
比べられない大きさ。

日常を意識するだけで「喜ばれる存在」になれる

講演などでの質疑応答の際に「自分は、なんのために生まれてきたのでしょう」という問いをいただくことがとても多いです。そして、これはとても意識の高い質問です。
人類は、脳や意識の仕組み上、生まれてきた意味を常に探してしまうのですが、これは古今東西、老若男女が持つ疑問であり、人生の課題のひとつでもあります。

しかし、「なんのために生まれてきたのか」という人生の目的を考える時に、いわゆる社会的な成功を基準としてしまう人が多くいます。

もちろん、それも喜ばれる手段のひとつですから、大事なこととは思いますが、周りからの称賛を得るような、すごいことを成すのが生まれてきた目的ではありません。

生まれてきた目的は、「上に立つ」ことではなく、「役に立つ」ことなのです。

私は、ご縁をいただき、神社仏閣の大天井画を、日本で一番多くの枚数を描かせていただいていますが、威張ることではありません。画家として一生懸命描いているだけです。「天井に絵を描く人」も「柱を立てる人」も「床を張る人」も「お弁当を作る人」もどんな人の仕事も、神さまから見たらみんな同じ尊い仕事です。

生まれてきた目的に対して難しく考えることはありません。実はシンプルです。

ただ「喜ばれる存在」になること。

人から喜ばれることは、自分だけが喜ぶような娯楽とは、比べられないほどの喜びとなります。

それは、日常の行動や言葉使いを意識するだけで、実践できることです。

日常のなにげない親切にも、あなたの魂は喜んでいるのです。

好意や善意を全て
受け入れられる人は
菩薩。
好意や善意の
雨をふらせば
誰でもきっと
菩薩になります。

正観
斎灯

「愛」の受け入れ上手になりましょう

「菩薩」という名前は、古代インド語の「ボーディサッタ」からきていますが、その意味は、「学ぶ者」です。

それはどんな学びなのかというと、「人の好意を受け入れる」という修行です。

もう少し深くいうなら、相手の「愛を受け入れる」ことです。


なぜ好意を受け入れることが、修行なのでしょうか。

それは、好意をプレゼントした人のほうが、魂的には喜びが大きいからです。

魂的にいえば、プレゼントを「もらう人」より、「あげる人」のほうが喜びは大きいのです。


それなのに、私たちは、相手の好意をついつい遠慮してしまう時があります。

でもそれは、相手の「徳積み」や「魂の喜び」を遮《さえぎ》ってしまうことです。

だからこそ、好意や善意をすべて受け入れられる人は、徳の高い菩薩なのですね。

ですから、遠慮せずに相手の好意や善意を受け入れること。

好意を受け入れるといっても、お腹がいっぱいの時にご飯を出されたとして、無理に食べることではありません。

「いらない！」と突き返すのでもありません。

「ありがとうね、でもお腹いっぱいです」と、相手の「愛」をまず受け入れることです。

さらに、正観さんがこの言葉で伝えていることは、自分から相手に好意や善意の雨を降らし、受け入れてもらう、ということです。

お互いが受け入れ上手になっていく。

そうすることで、誰もが愛を与えて、受け入れるという菩薩になっていくのです。

病気をして知る
〝普通の日々〟の
有り難さ。
事故をして知る
〝普通の日々〟の
有り難さ。

正観
斎灯

何もない
〝普通の日々〟こそ
幸せな
日々。

普通は、奇跡

私たちは、なにごともない普通の日常を、ついつい退屈と考えてしまいがちです。

そうすると、日常のなにげない時間に対して、感謝を忘れてしまいます。

正観さんは、感謝の時間が長い人ほど、充実した人生であると考えていたと思います。

もちろん、遊園地のような非日常の出来事もいいのですが、「普通の日々のありがたさ」を認識すればするほど、より豊かな人生となっていくのです。

「ありがたい、ありがたい」と幸せな波動でいると、より幸せなことを引き寄せます。

逆に考えてみれば毎日を「退屈でつまらない」といって過ごしていたら、自分も苦しいし、周りも嫌な気持ちになるという悪循環になります。また、風邪をひいて身体が動かない時、虫歯が痛くてまともな思考ができない時などは、やらなくてはいけないこともできません。

「普通の日々」の素晴らしさに気づけるかどうかが、幸せな波動で生きるための秘訣《ひけつ》なのです。

面白い法則があります。

世の中に良い影響を与えた人たちの生き方や歴史を紐解《ひもと》いてみると、九死に一生を得るような体験をされている方が多いということです。

事故や病気の経験から、彼らは「普通の日々のありがたさ」がわかっていたため、ずっと心が豊かだったのだと思います。

日常の前提条件である「普通」を「奇跡」と捉え、豊かな心だったからこそ、豊かな活動ができたのでしょう。

「迷惑をかけずに
生きる」のも良いけれど、
「迷惑をかけている全ての人に
感謝」して生きるのも
楽な生きかたのひとつ。

正観
斎灯

人は生きているだけで、誰かに迷惑をかけてしまうもの

子どもの頃、「人に迷惑をかけてはいけない」と教えられた人は多いと思います。

もちろん、その気持ちは大切ですが、人は生きているだけで、意図せずとも周りになにかしらの迷惑をかけてしまうものです。

特に、なにかにチャレンジしようとする時には、人を巻き込み、迷惑をかけてしまいがちです。

しかし、迷惑をかけないことを前提に生きていたら、なんのチャレンジも行動もできない人間になってしまいます。

人に迷惑をかけたくないという気持ちは、「優しくて良い人」ほど持っているようです。

けれども、優しくて良い人が、そのためにチャレンジをしない、できないのは、社会の損失ともいえます。

ですから、悪意がないならば、人に迷惑をかけてしまうことに、おびえる必要はありま

せん。

人に迷惑をかけていることを、自己嫌悪の材料にするのではなくて、人への感謝の材料にして、感謝を覚えながら生きていけば、人生でやれることがもっと増えていくでしょう。

正観さんが伝えたかったのは、そういうことではないかと私は受けとめています。

人に迷惑をかけないで生きようとするよりも、「迷惑をかけてしまったけれど、見守ってくれてありがとう。関わってくれてありがとう」と感謝して生きる。

正観さんの周りには心清らかで優しい方が多かったのですが、その方たちの優しさからくるジレンマや迷いを解消するような、本当に温かい言葉だと私は思います。

神は耐えられない
試練を与えない。
神は越えられない
谷は造らない。
全てが必要なこと
全てが成長させること。

正観
斎灯

あなたの試練は、あなたのために用意されたもの

生きていく中で、試練と思えることや、「山あり谷あり」の「谷」と思えるようなことは、誰しもあります。

しかし、人はその試練や谷と思えるような出来事を乗り越えることによって、成長していきます。

簡単すぎても成長できないし、難しすぎても越えることはできません。

そしてそれは、神さまがあなたの魂を成長させるために用意してくれたものであり、あなたの魂に合わせた試練です。

いいかえれば、オーダーメイドのゲームともいえます。

あなたの魂の成長のために用意され、作られた、神さまからのまさにジャストフィットのプレゼントですから、向き合ってみることをおすすめします。

小学生の頃、かけ算や割り算など勉強を教わる時、それを「罰」として強要されているのか、「愛」として教育してもらっているのか、気持ちの持ち方で学びのスピードは変わります。

あなたの人生で忘れてはいけない重要なことは、命をいただき、ご飯が食べられて、さまざまな経験もでき、そして未来にたくさんの可能性があるということです。

これはひと言でいうと、あなたは神さまに愛されている、ということです。

「あなたは神さまから愛されている」という前提条件で、すべてのものごとを捉えてみてください。

そのように向き合ってみることで、その試練や谷の必要性がわかるのではないでしょうか。

人生は自分が
書いたシナリオどおり。
良くも悪くもなく
幸も不幸もない。
善し悪しも
幸も不幸も皆
自分が決めている。

正観
斎灯

目の前の出来事をジャッジしているのは自分

あなたの人生は、実は、あなたがこの世に生まれてくる前に、あなた自身の魂が設計したようです。

シナリオを書いたのは、あなたです。

それはどうやら、「あなたの魂が経験したいこと」を軸に作られています。

そして、あなたの魂と神さまとで話し合って、シナリオが組まれました。


魂は、ただただ、さまざまなことを経験したいようです。ですから、前世で、お金持ちを経験した人は、今世では貧乏を経験する場合もあるかもしれません。

魂が経験したいことを軸にシナリオが書かれているため、一般的・社会的な善し悪しや、幸不幸は、魂にとっての価値基準ではないのです。


その経験に対して、善し悪しや、幸不幸のジャッジをしているのは自分。

シナリオを書いたのも、そのシナリオに感想をいっているのも自分。
こういうことがわかってくると、どちらを選択するかが、自分にゆだねられていることもわかります。

たとえば、包丁を危険で触れてはいけない凶器、と考えたらそれまでです。
使い方に注意しつつも、便利でありがたい道具と考えたら、おいしい料理が作れます。
このように、今、目の前にあるのは「善」なのか「悪」なのか。
「幸」なのか「不幸」なのか。
すべて自分で決めているのだとしたら、あなたはどちらを選択しますか？

笑

第二章

投げかけたものが返ってきます。
優しさを投げかけると
優しさが。
笑顔を投げかけると
笑顔が。

正観
斎灯

投げかけたものが、返ってくる

人に優しくしたら、優しくされやすい。

笑顔で会話をすると、相手も笑顔になりやすい。

実は、逆もしかり。むしろ逆から考えるとよくわかると思います。

いら立ちを投げかければ、相手もいら立ち、他人の不幸を願えば、自分にも災いという形で返ってきます。

イライラしながら攻撃的に相手と接して、相手が満面の笑みになることはありません。

もし立場が上の人が、強圧的に部下に命令したら、その人は一時的にいうことを聞くフリをするかもしれません。しかし、その人のストレスは、別の形で発散されます。

お釈迦さまは、それを「因《いん》果《が》応《おう》報《ほう》」という言葉を使って説明しました。

宇宙の法則のひとつです。

昔、インドのある王さまが、国内の治安について考えていました。多額のお金をつぎ込み、警察（兵隊）を使い、民衆を強制的に抑えつけても、よけいに暴動が増えるだけでした。抑えつけた分、反発があるのです。

暴動は増え続け、さらに多くの警察を雇い、財政はどんどん圧迫されました。

そこで、お釈迦さまの「因果応報」という考えを、教育などに取り入れました。

「人に嫌なことをすれば、嫌なことをされる。良いことをすれば、良いことをしてもらえる」

このシンプルな本質を伝えたことにより、国民は自分の行動を少しずつ考えるようになりました。

それだけで暴動がなくなり、治安が良くなったので、民衆も仕事がはかどり、物流も良くなり、国が豊かになっていきました。人々にも笑顔があふれていきました。

「負の連鎖」から「正の連鎖」にしていくには、このシンプルな法則を理解しておくといいようです。

私が
笑顔なら
周りの人も
笑顔になる。
私が不機嫌なら
周りの人も不機嫌になる。

私が投げかけたものが
私を取り囲む。
正観
斎灯

あなたの人生の曼荼羅は、輝いていますか？

人生で「あれが嫌だ」「これが嫌だ」と嘆いている時には、「自分がなにを投げかけているのか」に気づいていない可能性があります。

たとえば「周りの人が笑顔じゃないのよ」と、不機嫌な顔をしている人がいます。

それは、不機嫌な顔をしているあなたがいるから、周りの人も笑顔になれないのかもしれません。

自分の投げかけたものが自分を取り囲んでいると、もう一度考えてみてください。

自分が投げかけたものは、やまびこのようにほんの少し、遅れて返ってくることがあります。

自分が笑顔になったら、すぐに周りも笑顔になってくれる場合もあるけれど、そうではない場合もあります。

けれども、あなたが笑顔を投げかけ続ければ、周りもだんだんと笑顔になっていきます。

逆に、不機嫌を投げかけたり、自分のわがままを通そうと無理をいったりすると、その時はわがままが通ることもありますが、数年後には、自分が投げかけたものに囲まれるのです。

曼荼羅《まんだら》の中心には、大日如来《だいにちにょらい》が描かれています。

太陽の仏さまとして、その明るさが、周りに光を与えています。

中央の太陽が暗ければ、周りも暗い。太陽が明るければ、周りも明るい。

自分の人生の曼荼羅の中心は、自分自身です。

どんな曼荼羅にしていきたいかは、「なにを投げかけ続けるか」で、決まるのです。

喜んでいる
あなたを
喜んでいる私。
喜んでいる私を

喜んでいるあなた。

喜びでつながっている

あなたと私。

人とつながれる人、つながれない人

「随喜功徳《ずいきくどく》」という、徳積みの修行があります。喜んでいる相手とともに喜ぶというものです。人の喜びをともに喜ぶことで、徳が積まれるというメカニズムです。徳というと、抽象的でわかりにくいかもしれませんが、平たくいうと「人に喜ばれる」ということです。

自身の幸せを喜んでくれる人がいることは、「存在承認」という本質的な喜びになります。

つまり「相手の幸せを喜ぶことが、そのまま相手の本質的な喜びになる」という、深い意味がある行為なのです。

逆に、嫉妬や妬みを持つなど、人の幸せを願えない人は、どれだけ成功しても、精神的には孤独なのです。

幸せは有限ではありません。無限です。

人も幸せになり、自分も幸せになればいいだけです。嫉妬や妬みを持つ人は、幸せを有限と考えているのでしょう。

人が幸せなら、その人から学ばせてもらえばいいだけです。

人間の手というのは、誰かの足を引っ張るためではなく、誰かと手を握るためにあるのです。

喜びでつながり合える人間関係は、とても素晴らしいと思います。

人の幸せを喜べる人は、人とつながっている人であり、孤独ではありません。

幸せを喜んでもらえたら、自然とその人の幸せも願えますよね。

「人とのつながり」は、どれだけたくさんの人と名刺を交換しても「つながった」ということにはなりません。

相手の喜びをともに喜べた時にはじめて、「つながった」ことになるのです。

笑うことは
共鳴すること。
受け入れること、
肯定すること。
笑うことは喜ぶこと。
人生を楽しむこと。

正観
斎灯

笑うほど、宇宙とリズムが合っていく

ヒトなど大型類人猿にとって、笑顔は「敵ではないよ」というコミュニケーションの「しるし」です。

つまり、笑顔は、人・もの・ことに対する「敵ではない」「受け入れます」という信号なのです。

もっというならば、宇宙が起こす出来事に対して、笑顔になるということは、宇宙に対する「敵ではない」「受け入れます」という意思表示です。

宇宙と共鳴し、同じ波動になっている、宇宙とリズムが合っているということです。

宇宙とリズムが合うと、自分にとってありがたいと思えることや、奇跡と思えるようなことが次々と起こります。ハッピーなドラマのように、最高と思えるタイミングで、ものごとがはじまります。

逆にリズムが合わないと、悲しいドラマのように、すれ違いが生じるなど、さまざまなタイミングがずれてしまいます。

笑うことにより、笑顔の人たちと共鳴し、宇宙や世界とも共鳴していくので、人生はますます楽しくなっていくでしょう。

正観さんは、「家に鏡をたくさん置いて、いつでも自分の笑顔を確認できるようにしましょう」といっていました。これは笑顔の練習にもなりますし、なによりも自分の笑顔を見て一番喜ぶのは、自分の魂なのだと私は思います。

笑顔でいるから人生は楽しくなり、人生が楽しくなるから、さらに笑顔になっていきます。

宇宙はいつでも、あなたの笑顔との共鳴を待っているようです。

特別日
「今日」は二つの「特別日」。
過去の人生
最後の日。
楽しい未来の
最初の日。

最高の自分と、未熟な自分がいる「今日」という日

今日の自分は、過去の自分から見たら、今までの人生の中で「最年長」です。

もっとも経験が豊かで、もっとも判断能力があり、もっとも完成された自分です。

今日という日は、過去の人生の集大成の日なのです。

ぜひ、今日の自分を、自分の人生の中でもっとも経験値が高く、もっとも知恵のある自分として、誇りと自信を持ってください。


同時に今日の自分は、未来の自分から見たらもっとも「未熟」です。

これから成長していくために、もっとも可能性に満ちた自分です。

今日という日は、可能性に満ちた自分が、楽しい未来に進む第一歩の日でもあるのです。


つまり、「今日」は、もっとも経験があり、そしてもっとも可能性のある素晴らしい2つの「特別日」なのです。

自信に満ちながら学ぶのは、とても魅力あふれる姿です。

このことがわかれば、うまくいっている自分に傲慢《ごうまん》になることもなく、未熟な自分に落ち込むこともありません。

この言葉に、私自身、とても救われ続けてきました。

正観さんに出会った頃の私は、過去を後悔し、未来に漠然とした不安を持っていました。

後悔と不安で、大事な今日をおろそかにしていたのです。

しかし、この言葉に出合ったおかげで　過去を後悔することもなく、また過去の栄光にしがみつくこともなくなりました。未熟な自分に不安を抱くこともなくなりました。

過去の人生最後の日として今日に感謝をし、また楽しい未来の最初の日として、今日も学びを深めていきたいと思わせてくれる言葉です。

大富豪

人を見る目の優しさ
出てくる言葉の温かさ。
周りをなごませる
笑顔のやわらかさ。
無限に有するあなたの財産。
決して減らないあなたの財産。

正観
斎灯

あなたはすでに大富豪

正観さんが伝えたいのは、「あなたはすでに豊かなのだと、自覚してくださいね」ということだったと思います。

多くの人が、豊かなものを持っているのに、それに気づかず、あれも足りない、これも足りないという「足りないマインド」になっているのです。

学校教育は、足りないところを見つけて、そこを埋めていくという方法で勉強します。それはそれで学生の時には必要な学習方法ですが、なにも同じ見方で、人生を考える必要はありません。

あれもありがたい、これもありがたい、あれもある、これもある。

自分が豊かだという自覚がある人は、豊かさに気づける「感謝の目線」があります。

また客観的に考えてみましょう。「自分のことを豊かだと思える人」と「自分のことを貧しいと思っている人」、どちらが素敵な笑顔でしょうか？

どちらの人と、人生をともに過ごしたいですか？

お金ももちろん大切ですが、お金は使えば減っていく財産です。

でも、笑顔は使うほどに増えていく財産です。

あなたには、人を見る目の優しさや言葉の温かさ、笑顔のやわらかさなど、無限の財産があるということ。

あなたはすでに「大富豪」なのだということを、もう一度、自覚してみてください。

ちょうどいい人が
私をとり囲む。

不機嫌を投げかければ
不機嫌な人が、

笑顔を投げかければ
笑顔の人が
私をとり囲む。

正観
斎灯

周りにはいつも、自分にちょうどいい人しかいない

あなたの人生を決めているのは、ほかならぬあなた自身です。

自分が不機嫌なのに、周りの人に笑顔で御気元《ごきげん》（ご機嫌）になれといっても、そのようにはなりにくいでしょう。

自分の人生をどのように色づけしていきたいか、どんな人たちに囲まれたいか、コーディネートするのは自分の心なのです。

「他人は鏡」といいますが、人間関係でなにかあった時は、自分のあり方をもう一度振り返るチャンスです。

プラスの形であれマイナスの形であれ、ちょうどよく自分を成長させてくれます。

こじれた嫁姑関係のように、いつも不機嫌な人が自分の周りにいる時もありますが、それも自分にとってちょうどいい修行なのです。

自分を成長させてくれるちょうどいい反面教師として受け入れましょう。

人生の中で問題と向き合う時、「すべてがちょうどいい」と理解した上で、なぜこの問題が「今の自分にちょうどいいのか」と考えるクセをつけましょう。

それだけで、成長・調和・感性が高まっていきます。


「ちょうどいい」と「都合良い」は少し違います。

自分が笑顔になったから、周りにもっと笑顔になりなさい、というのは都合の良い考えです。

自分が笑顔であり続け、学び続けたら、自然と周りもちょうどよくなっていきます。


「人は変えられない、でも自分は変えられる」

これは昔からある言葉です。

他人のせいにしない生き方が、魂を成長させていきます。

自分の人生の主人公は、自分ということです。

感謝

空腹だと、おいしい。
悲しいことがあると、
喜びが大きい。
では「悲しいこと」にも
感謝したくなりますね。

正観
斎灯

一部を見るのではなく、全体を見る

暑い夏のあとには涼しい秋が来て、寒い冬のあとには暖かい春が来ますよね。

でも実は、「涼しい秋」よりも「暖かい春」のほうが、気温は低かったりします。

つまり、前の状態によって、感覚というのは大きく変わるのです。

「空腹こそ最高の調味料」などといいますが、お腹いっぱいの時に食べるフランス料理よりも、お腹がすいている時に食べるおかゆのほうが、おいしかったりすることと同じです。


そう考えると、「悲しいこと」は避けたいですが、それがあるから、ささやかな喜びが大きくなります。

「悲しいという感情を持つ自分が、これまた悲しい」と思い悩んでしまったり、「失敗した自分はダメな奴だ」など、体験に対して「追い打ちの自己否定」をするから苦しいのです。

人生全体を俯瞰《ふかん》することで、この「追い打ちの自己否定」から抜けることができて一喜一憂もなくなります。

喜劇王と呼ばれたチャップリンの名言に、「人生は近くで観たら悲劇だが、遠くから観たら喜劇である」というのがあります。

正観さんの言葉や書籍は、すべて「全体」の視点で表現されていることに気づきます。

そのような思考に触れることで、ものの見方、考え方、そして感性が広がり、すべてが素晴らしい体験なんだと心に沁み込んできます。

この世は「修行の場」？
「喜びの場」？「感謝の場」？
必ず越えられる試練、
そして成長を知れば
「修行の場」も「喜びの場」も
「感謝の場」に変わりそう。

正観

斎灯

自分が置かれている場所をどう思うか、決めるのは自分

「自分はどんな存在なのか?」という問いと同じくらい、「この世はどんな場所なのか」という問いを、人類は意識的にも無意識でも持っています。

私たちにとって、この世はどのような場でしょうか?

「前提条件」を理解することで、その意味も変わってきます。

たとえば、ジェットコースターに乗る時、楽しいスリリングな乗り物だと思うか、自分を苦しめる危険な乗り物だと思うかで、味わい方が変わります。

この世を「喜びの場」と感じている時はさておき、「つらい修行の場」と思う時期もあります。

しかし、「修行」という言葉は「修行して成長する」というニュアンスを含んでいます。

失敗も成功も、また喜びや悲しみも、自分の魂を成長させてくれるものです。

それがわかってしまえば、すべての経験がありがたいことだとわかります。

だからすべてが「感謝の場」といえるのでしょう。

たとえば学校を「強制的に勉強させられる牢獄」と考えていたら、嫌いになります。でも「いろいろな経験や勉強をさせてくれる感謝の場所」と考えたら、学校ともうまく向き合えます。

この世を「敵」と考えるか「味方」と考えるかは自由ですが、この世を味方として考え、感謝できる人のほうが、精神的に楽です。

そして、実際にこの世と仲良くなれます。

さらに、宇宙とも仲良くなれるのです。

第三章

人生は
人との出会いの
積み重ね。
正観
斎灯

「運命」は
人が運んでくる
「私の命」。

運命を良くしたいなら、人を大事にすればいいだけ

自分とは、そもそもなにでできているのでしょうか?

身体は食べ物から得た栄養で作られています。

そして、心は他者との出会いによってできています。


たとえば、生まれてから死ぬまで無人島にいて、誰からも言葉を教わることなく、読める本も、話し合える友だちもいなければ、心が育つことはできません。

どんな国に生まれ、どんな教育を受け、どんな影響を受け、なにを学んだかによって、あなたの心の育ち方は変わります。

自分の運命を考えた時、出会いが「自分」を作っていることがわかります。

誰と出会うか、どんな価値観と出会うかで、人は育っていきます。


つまり、運命を良くしたいのならば、ご縁を良くすることです。

ご縁を良くするとは、人を大事にすることです。
人を大事にする人は、人に大事にされる人です。
人に大事にされる人は、良き運命を歩める人です。

世の中には、「運命を呪う」とか「運命にもてあそばれる」などという言葉もありますが、運命を呪う人は、人を呪う人です。
運命に愛される人は、人を愛する人。

どんな出会いをするかは、自分で選択できます。
出会った人と、どのように向き合うかで改善もできるのです。

運命を良くしたいのであれば簡単です。
今までに出会った人を大事にし、そしてこれから出会う人を大切にすればいいのです。

泥の中から蓮が咲く、
辛さの数だけ
蓮が咲く。
たくさんの蓮を
咲かせるために、

たくさんの泥
たくさんの
できごと。

たくさんの出来事が、あなたという花を咲かせている

蓮は、真水からでは花は咲かず、泥があってこそ咲きます。

つまり、蓮の花を咲かせるためには、泥が必要なのです。

泥のような「つらさ」を経験した数だけ、蓮のような魂が開花します。

魂の開花というのは、感謝の気づきであったり、幸せの発見であったり、奇跡を受けとめられることです。

あなたの人生に起きたたくさんの出来事は、たくさんの魂の蓮を咲かせるためにあったとも考えられます。


正観さんは日常会話の中で、多くの人が「つらいこと」と表現するのを、「つらいと思えること」といいかえていました。

また多くの人が「悲しいこと」と表現するのを「悲しいと思ったこと」と、細かくいいかえていました。

「こんなつらいことがあったんです」という言葉を「こんなつらいと思えることがあったんです」というように。

なぜなら、それはあくまでも自分がそう思っただけであり、宇宙的には「悲しい」「つらい」「善悪」などないからです。

それらはその人の見方、考え方に属するものであり、その人の主観に過ぎないからです。

泥を汚れと捉えるか、栄養と捉えるか、もう一度考えてみましょう。

その体験があったからこそ、あなたは成長し、優しくなり、そして感性が広がっているのです。

そして気づいてください。

あなたの魂の蓮は、すでに咲いています。

そしてさらに咲き続けていきます。

「楽しいところ」でなくても
楽しい人は、
正観
斎灯

どこに行っても
良いのです。
どこに行っても
楽しいの
だから。

楽しめるのは、楽しい場所だからではなく、楽しめる心があるから

もともとは旅行作家だった正観さんは、楽しいといわれる観光地をたくさん知っていました。しかし、もし楽しめる心がなかったら、どこに行っても楽しむことはできません。

正観さんはいろんなツアーを企画していたからこそ、それがわかっていたのでしょう。

幸せを感じられる人は、どんなところに行っても幸せを感じられます。

今、目の前のことに感謝できる人は、どこに行っても感謝して生きることができるのです。

「楽しいところ」を探して行くのもいいのですが、それ以上に楽しめる感性、そして感謝できる感性、心を養うことが大切ということのようです。

正観さんと行動をともにしていると、みんなに楽しんでもらいたいと思い、行動をしているとつくづく感じました。

しかし、幸せも楽しさも、外部から与えられるものではありません。

自らの心にその気持ちがなければ、どこに行っても、楽しむことも、幸せになることもできません。

多くの心理学の本が出版されている中、いまだに正観さんの本は愛され続けています。

ただ心の仕組みを伝えるだけではなく、正観さんの言葉の根底には深い優しさがあるように感じます。

喜ばれる存在の実践者として、自らそのように生きたからこそ、今でも多くの人々の心に響く言葉になっているのだと思います。

「不幸」や「悲劇」
と思えるものが「泥」。
「泥」がなければ「蓮」も咲かない。
「蓮」の美しい花を
咲かせるためには
「泥」がどうしても必要なのです。

正観
斎灯

どんな経験も成功か成長につながります

私たちは、不幸や悲劇というものに向き合った時、それらは自分の人生にあってはいけないものと否定的に思ってしまいがちです。

つらい経験をした上に、さらに自分を責めて自己嫌悪に陥り、自己嫌悪している自分にまた自己嫌悪するという「自己嫌悪の連鎖」になってしまいます。

けれども、その経験を「悪」として、自分はダメだなどとふさぎ込む必要はないのです。もし失敗をしたのなら、次に同じ経験をしないように学んだり、同じ失敗をする人を出さないよう教訓にすることもできます。

「泥」のような経験も、「学び」という栄養のひとつと受け入れることで、自己嫌悪の連鎖から抜けることができるのです。

あなたは、もうその経験をして苦しんだのだから、それを糧として誇り高く生きてほしい。そういう願いが、正観さんのこの言葉に込められているように私は感じます。

前向きに考えたら、人生の出来事は2つに分類されます。

うまくいったことは、成功。

失敗は、成長。

その2つだけです。

うまくいったことは、素晴らしい経験であり、成功の道筋をみんなとシェアすれば人類の財産です。

うまくいかなかったことも、素晴らしい経験であり、それは成長につながります。

私は全国で個人セッションする中で、自己嫌悪の連鎖に陥ってしまった人を多く見てきました。そのような人も、すべての経験は魂の栄養であると認識できたら、自分らしい花を咲かせていきます。

どんな出来事も、貴重な素晴らしい体験と自覚し、成長して、あなたの蓮を咲かせましょう。

「不幸」も「悲劇」も
そう思う心が生んでいる。
「幸せ」も
そう思う心が生んでいる。
私が生み落としている
「幸」「不幸」。

正観
斎灯

弥勒のように魅力的になるために

宇宙的にいったら、不幸も悲劇も存在しません。

同じ状況であっても、それを不幸とも悲劇とも捉えない人もいます。

逆もまたしかりで、幸せというものも、宇宙的には存在しません。

幸も不幸も、そう思うあなたの心が生んでいるのです。

人間ですから、つい「主観的な感情」が優位に働き、つらいことや経験したくない出来事を「不幸」と思い込んでしまいます。

けれども、都合が悪い問題から目を背けるのではなく、「ピンチはチャンス」と解釈して、自分が成長できる出来事だと考えれば、やりがいや幸せを感じることもできます。

「世の中は不幸だ」と思っている人は、世の中にひとつ不幸を生み落としています。

そして「幸せだ」と感じている人は、世の中にひとつ幸せを作り出しています。

世の中に「幸せ」をプレゼントできることは、素敵なことだと思います。

あなたは世の中に、どちらを生み落としていますか？

幸せと解釈できる知性を育てていけたなら、この世のためになるでしょう。

97ページで紹介した絵は、「弥勒菩薩《みろくぼさつ》」の「半跏思惟図《はんかしゆいず》」です。

思惟とは「思いにふける」という意味で、頬杖をつき、ものごとを幸せに解釈している姿です。

考え方が魅力的な人は、魅力的な存在です。

この弥勒《みろく》の姿は、幸せを考える魅力《みりょく》のシンボルともいえますね。

正観
斎灯

今日から「喜び言葉」

「幸せ言葉」

「感謝言葉」

だけにする。

「楽しい楽しい
三年後」が待っている。

楽しい楽しい3年後は、今からはじまる

正観さんは人間観察をしていく中で、「言葉通りの人生が作られていく」ことは、法則性があると見立てました。

ただ、それは言葉にすればすぐにそうなるのではなく、だいたい言葉を発した3年後くらいに現実化してくるとわかったそうです。

宇宙はやまびこのように、時間差があるのです。

つまり、今日から自分が発する言葉を、「喜び言葉」「幸せ言葉」「感謝言葉」だけにしていったら、3年後には、そういう未来になっているということです。

「楽しい3年後」を意識して生きていく時点で、もうすでに楽しい日々がはじまっているのです。

ただ、気をつけなければならないことがあります。

もし、つい不平不満をいってしまうと、この3年貯金のカウントが「チーン」と振り出

しに戻ってしまうみたい（笑）。

それでは、不平不満や不都合なことは、感情に閉じ込めて苦しまなければならないのかというと、決してそんなことはありません。

私はよく個人セッションで話すのですが、すべての言葉の奥には愛があります。

「嫌な上司がいるので会社に行くのがつらいんです！」という不平不満のような心の声も、その奥には「良い仕事をしたい」という願いがある場合もあります。

同じように、「人間関係がつらいです！」という不平不満のような心の声も「良い人間関係を結びたい」という願いがあったりするのです。

つまり、感情を抑え込むのではなく、心の声の愛の部分を、素直に出せるように訓練を続ければ、すべて「喜び言葉」「幸せ言葉」「感謝言葉」に置き換えることができるのです。

これは、自分に都合の良い時なら誰でもできます。だから、不都合な時こそ、工夫して、言葉を選んで使ってみてください。そうしてこそ「楽しい楽しい3年後」があなたを待っています。

楽道

感謝される喜ばれる
それが一番の幸せ
一番の喜び。
「他の存在から
喜ばれる存在」になること
それが〝魂〟のプログラム。

正観

斎灯

楽道《らくどう》とは、楽しく成長し続ける生き方

私たちの本質は、魂です。

その魂が喜ぶことは、人から感謝されたり、喜ばれたりすることのようです。

だから、人に「ありがとう」といわれた時はうれしいですよね。

それは魂が喜んでいるからです。

「楽道」の「楽」という字について、「楽《らく》する」という意味を「怠ける」と捉える人もいるかもしれませんが、実は全然、違うものです。

仕事は疲れるのが目的ではありません。喜んでもらうのが目的です。

楽して喜んでもらえたら、何倍もの人に喜びを運ぶこともできます。

楽する人のほうが賢いのです。

また、楽しんでいると「楽」に感じたりもします。ですから「楽」を追求してみるのも良いかもしれません。

ちなみに、「休憩」という言葉も「怠ける」という意味ではありません。

体力や気力を回復し、より人に喜んでもらうために身体を休めることが「休憩」という意味です。

「道」とは、剣道・柔道・茶道・華道のように、その道を進むことそのものが、幸せであり、喜びであることで、「道」の精神にゴールはありません。

進み成長し続ける「生き方」です。

周りの人から喜ばれる存在になれるよう、常に意識し、工夫を続ける。こうして魂のプログラムにしたがって生きれば、魂から喜べる人生になるのだと思います。

楽に楽しく生きる道が「楽道」なのです。

感謝を続けると
みんな味方に
なってくれる。
鉱物も植物も
動物も人間も。

正観
斎灯

達磨

すべてに感謝ができれば、すべてが味方になる

すべてのものには意識があるようです。

元メジャーリーガーのイチローさんは、バットやグローブなど身の回りのものをとても大事に扱っていたから、道具も彼に力を貸していたのだろう、という説があります。

会社で働いていても、「給料を払っているんだから、やるのが当たり前でしょ？」と、条件だけで働かされていたら、みなさんも楽しくないですよね。

そして、大事にしてくれない相手に対して、味方にはなれないでしょう。

ちゃんと感謝をしてくれる人のために役立ちたいと思うのではないでしょうか。

私たちがそうであるように、人だけではなく、どうやら鉱物も、植物も、動物もそうみたいです。

動物はもちろん、鉱物にも植物にも、ものにも魂があります。

愛されることにより、その力を発揮するのです。

私も絵を描く時に筆やキャンバスに挨拶をしてから、作業をはじめるようにしています。自分の力だけではない、実力以上の力を道具たちがサポートしてくれているのを感じているからです。

感謝することにより、自分が好きなものに囲まれ、自分を好いてくれる「者」や「もの」に囲まれる幸せな人生となります。

日本では古来、「ものにも意識がある」という価値観があったからこそ、「もの」に自分の人生の「道」を助けてもらう「具《そな》え」として、「道具《どうぐ》」という言葉がありました。

感謝を続けることにより、人・もの・こと、つまりすべてが自分の味方になってくれる。

そして、自分も周りの味方になれるという、大きな喜びの中で生きていくことができるのです。

第四章

幸

ヒトは
一人でいるときは
ヒト。
正観
斎灯

人《ヒト》の間で
生きることが
「人間」。
喜ばれて
生きる
ことが
「人間」。

「あなた」という器の中に入れたいものは？

生物学的にいえば、人はヒトです。

それが社会で生きてはじめて、人間となります。

私たちは人間です。

誰とも関係を持たずに、自分ひとりで自給自足の生活をしているのでなければ、必ず人との関わりの中で生きています。

人と人の「間」で感情が生まれ、その「間」にある感情が、人間としての自分です。

人と人の「間」を、どんな感情で満たすのか。

器の中に、醤油を入れれば醤油入れ。ソースを入れればソース入れ。お金を入れれば小銭入れ。花を活《い》ければ花瓶になります。

「空間」に何を入れるかで存在理由が変わってきます。

あなたは、人と人の間に、どんな感情を注いでいきますか？
そこに注いでいく感情が、あなたという人間そのものになるのです。

もちろん完璧な人はいません。完全に「感謝」だけで満たすことは、この世に生きている以上なかなか難しいかもしれません。

けれども、そこに何を入れていきたいと願うか、その願いこそが大切なのだと私は思います。

人と人の間を喜びで埋めていきたいと願うのであれば、すでにあなたはとても喜ばれる人間なのです。

ちょうどいい

全てがあなたにちょうどいい。

父母も子も、夫も妻も兄弟も

上司も部下も友人も

全てがあなたにちょうどいい。

正観

斎灯

いつでもしっくりくる不思議な言葉

私が今以上に未熟者だった20代の頃、この言葉にとても救われました。

不平不満が多くなると、不平不満をいうのにちょうどいい環境になっていきます。

でも、自分の波動が上がって気持ちが前向きになり、いろいろな考え方が感謝に変わっていけば、本当にそれにちょうどいい環境になっていくという経験をしました。


また、生きていれば、当然のように大変なこともありますが、よくよく考えてみると、その時の自分の成長にちょうどいい出来事であり、学びであったということに気づかされました。

もし、当時の私が、自分にとって不都合なことを学びにできず、人のせいにしていたら、当然のように人のせいにし続ける人生が待っていたでしょう。

しかし、この言葉が私の大きな支えとなってくれたおかげで、過去の出来事を人のせいにすることがなくなりました。

さらに、今の私が自分にちょうどいい未来を作るのです。

怠けていたら、怠けている自分にふさわしい、ちょうどいい未来が来るだけです。人のせいにすることはできません。

人のせいにしない生き方に必要なのは、すべてを学びと捉え、自分が人生の主人公となる視点です。

もう一度この言葉と向き合ってください。

ものすごく厳しい言葉にも、ものすごく応援してくれる言葉にも、ものすごく褒めてくれる言葉にも聞こえる、とても不思議な言葉ではないでしょうか。

きそわない。
くらべない。
あらそわない。
私は私。

正観
斎灯

スタートも、コースも、ゴールも、みんなそれぞれ違う

私たちが不幸に感じるのは、人と競い、比べ、争うことに心がとらわれてしまっている時です。

もちろん、自分をより高めるために、競ったり比べたりするのは悪いことではありません。人を参考にしながら、自分を成長させていけます。

しかし、学生時代からそういう教育を受けているがゆえに、競い、比べ、争うことが目的になってしまい、自他を苦しめてしまう人たちが、いかに多いことでしょうか。

そもそも、私たちは競い、比べ、争う必要などありません。

なぜならば、人はみんなそれぞれ、生まれた日も、生活する場所も、そして死ぬ日も違うからです。

マラソンにたとえるならば、スタートも、コースも、ゴールも、一人ひとり違うということです。

スタートも、コースも、ゴールも違う人と比べて苦しむなんて、よくよく考えたら、と

てもおかしなことですが、ついやってしまいがちですよね。

42・１９５キロのフルマラソンを走っている時、たまたま隣を走っていた４００メートル走の人に抜かれて、落ち込んだり腹を立てるというくらい、おかしなことです。


あなたの人生のスタートも、コースも、ゴールもあなただけのものです。

まさに自分だけの「道」です。

人と比べた時、勝って優越感を持つ人は、負けたら同じくらい劣等感を持ちます。

剣道や柔道などの「道」の精神では、相手に勝っても負けても、実力を確認させていただいたと感謝し、おじぎをします。

参考にすべき点はありがたく参考にさせていただき、自分の人生を自分らしく幸せに生きていけばいいだけです。

私は私。

競わない。比べない。争わない。

このシンプルな言葉には、幸せに生きる秘訣が隠されています。

過ぎてしまった過去には参加できない。

まだ来ていない
未来にも
参加できない。
私が唯一
参加できるのは
「今」この
瞬間。

正観
斎灯

私たちには、「今」しかない

当たり前のことですが、過去に執着したり、まだ来てもいない未来を恐れていると、「今」に心を込めることはできません。

けれども、私たちが参加できるのは、「今」この瞬間だけなのです。

過去に、もしつらいことがあったとしても、今この瞬間をイキイキと生きているのならば、「過去のおかげ」とすることができます。

また、どれだけ未来に不安を持っても、今この瞬間にやっていることが未来を作るのですから、すべては今この瞬間次第なのです。

過去に執着しても、過去は変わりませんし、未来を恐れても、未来は変わりません。

変えられないものを変えようとするのは、時間の無駄、思考の無駄、気力の無駄ということになります。

「杞《き》憂《ゆう》」という言葉がありますが「無用の心配」のことを示します。

「古代中国の杞の国の人が、空が落ちてきたらどうしようと心配し夜も眠れなかった」という故事からきています。

空が落ちてくることを心配ばかりして悩み苦しんで、目の前にあることに手がつかなかったら、さすがに時間の無駄使いに思えませんか？

極端に聞こえますが、変えられないことを悩むのは、これと同じことなのです。

私たちは「気」でできています。

元気とは、元の気に戻ること、病気とは気が病になること。また穢《けが》れとは「気が枯れる」からできた言葉です。

関係ないことを考えるのは「気が散っている」状態です。

「気が散る」というのは、「元気」から離れていく状態です。

「今」以外の参加できないことに執着したり、恐れることは、メリットがないのです。

過去の失敗があったら、「今」反省し改善すればいいのです。

未来に不安があるのなら、「今」用心し安心できる方向に進めばいいのです。

唯一私たちが参加できる「今」この瞬間に、心を込めていきましょう。

許せば戻る
笑顔と眠り
前にも増して爽快、元気。
許して最も得する自分。
相手を許す「徳《とく》」が「得《とく》」。

正観 斎灯

人を許すことで徳を積み、得をする

正観さんの集まりに、「あの人のことが許せません！　怒りで夜も眠れず体調がおかしいんです！」という方がいました。

その人に正観さんは、笑顔でこう返しました。

「許さないことで誰が一番損をすると思いますか？　それは、その相手ではなくあなたですよ。そして、その人を許すことで一番得をするのも、あなたなんです。

その人のために許さなくてもいいですから、あなたのために許してあげてください」

人を許すということは、心の器の大きい「徳」の高い人ができることです。だからこそ、許すことで徳を積み、自分の器を広げていくことになるのです。

また、「自分で自分を許せない」という人もいるかもしれませんが、自分のことも許してあげましょう。

自分や相手を攻撃しても、メリットはありません。

もう一度言いますが、本当になんのメリットもないのです（笑）。

人・もの・こと、そして自分を許してあげる。

その心の広さである「徳」が、自分の人生をもっとも「得」させるのです。


許せない人がいるということは、あなたがその人に囚《とら》われているということです。大事な自分の時間や睡眠、健康さえも、許せない相手のために差し出しているというわけですが、相手を許すことで、あなたは囚われから解放されて自由になれるのです。

その上、時間も睡眠も健康も取り戻して、徳を積むことまでできてしまうのです。

相手を許す「徳」が「得」。

これをしない手はありませんね。

分けるから苦しい
五つのこと。

「勝ち、負け」

「幸、不幸」「良し、悪し」

「成功・失敗」「敵・味方」

みんな分けられない。

正観
斎灯

分けるから苦しい5つのこと

「勝ち・負け」「幸・不幸」「良し・悪し」「成功・失敗」「敵・味方」、これら5つのことを、それぞれ分けて考えてしまうがために、落ち込み苦しんでしまいます。

しかし、宇宙的にいうと、これらはそもそも存在しません。

私は高校生の時、「人間万事《にんげんばんじ》塞翁《さいおう》が馬《うま》」という言葉に出合い、衝撃を受けました。

昔、中国の北方の塞《とりで》の近くに翁（老人）が住んでいました（なので塞翁です）。

その翁が飼っていた馬が逃げると、周りの人から「不幸」だといわれました。

数年後、その馬が別の優れた馬を連れて帰ってくると、今度は周りからは「幸福」だといわれます。

そして、その優れた馬に乗った翁の息子が、落馬して足を折ると「不幸」だといわれ、ほどなくして戦争がはじまった時、その息子が骨折したおかげで兵役を逃れられると「幸福」といわれました。

一つひとつの出来事に一喜一憂する必要はないという意味の故事です。

たとえば、学生時代に悔しい経験をしたからこそ、社会人になって思い切って行動できるようになった、ということがあるかもしれません。

一つひとつの出来事は、すべて人生という一連のストーリーの一部でしかないのです。部分部分で切り取って、幸・不幸を決めるのではなく、人生全体で、魂の目線でものごとを捉えるということです。

「勝ち・負け」「幸・不幸」「良し・悪し」「成功・失敗」「敵・味方」を分けることなく、全体目線を持つことで、ブレない人格を育てることができます。

すべてはただ、魂の学びであるということがわかるのです。

思いどおりに
しようと思うと
思いどおりにならずに
苦しみ悩む。
目の前のことを
ありのままに受け入れると
楽になる。

正観
斎灯

受け入れて、手放す。それが前向きに考えるコツ

仏教で「苦」というものは、お腹が痛いなどの肉体的な苦しみを示しているのではありません。自分の思い通りにならないことに、執着して苦しむことをいいます。

正観さんは、「思い通りにならない」という執着は、「思い通りにしたい」という執着からはじまっている、といいます。

たとえば、台風などの自然現象に対しては、どれだけ怒っても仕方ないとわかっているので、対処していくしかありません。ですが、仕事や人間関係になると、なんとかしようと執着してしまうことがあります。

私がまだ19歳くらいで人間関係で悩んでいた時、正観さんに「それらすべてを自然現象の一部だと考えてみたらどうですか？」といっていただき、ものすごく心が楽になったことがありました。

「あの人を変えたい」「この人を変えたい」、そう思っているうちは苦しいのです。

しかし、自然現象の一部として考えたら、適切に対処して、ありのままを受け入れられ、結果的に自分の視野も広がって楽になります。

これは、決して何も考えずに「思考停止」するということではありません。

相手を思い通りにしようとするよりは、まずは一度「なるほどね」と受け入れ、理解し、自分のできることを淡々とするということ。そうすることでとても楽になり、また生産性も上がるというわけです。

ちなみに、潜在能力を使いこなす方法として「こうなればいいな。ならなくてもいいけど、でもなったらうれしいな」と考える思考法があります。

ちょっと長いフレーズですが、このように考えることで「こうなればいいな」と自分自身に向き合い、「ならなくてもいいけど」と執着を手放してリラックスし、「でもなったらうれしいな」とポジティブな心理を作ることができます。

このように考えることで、方向性を定めつつ、リラックスして行動に移せるので、本来の力が発揮できるのです。

正観
斎灯

自分がたいしたもの
と思えば力が入る。
たいしたものじゃないと
思えば力が抜ける。
風に揺らぐ花のように、
力が抜けていると美しい。

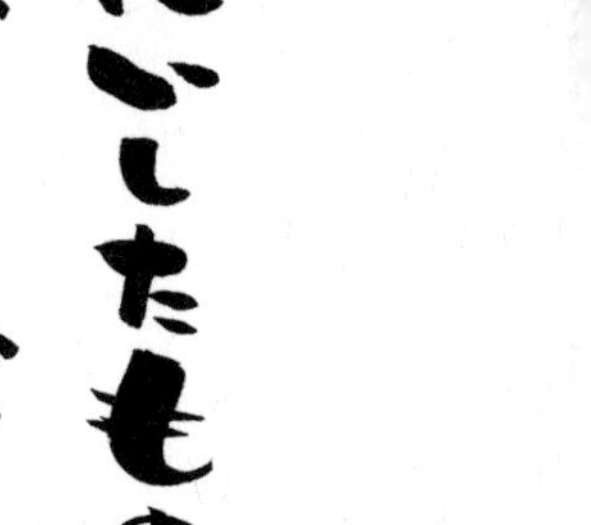

力が抜けると力が通る

自分をよく見せようと思ったり、また実力以上に過大評価すると、身体に力が入ってしまいます。

スポーツをやっている方はよくわかると思いますが、肩に力が入っていると、本来持っている力からどんどん遠ざかってしまうものです。

つまり、「自分の力」が入ると、本来持っている力が発揮できなくなるのです。

ところが、自然体になって肩の力を抜くことにより、本来の自分らしい動きができます。

スポーツには「ゾーン」、つまり「超集中状態」という言葉がありますが、こうなるためには、超リラックス状態にならなければいけません。

私自身も、畳2〜5畳のサイズの絵を5分で描き上げるというパフォーマンスを講演会などでしていますが、ゾーンに入らないと描き上げることはできません。

「描くぞ！」と思うと描けないのです。

リラックスするほど、集中できて良い絵になっていきます。

どんな人も、小さな頃はオネショをしたり、ご飯を食べさせてもらったりと、周りの人に助けてもらってばかりでした。自分の力だけで生きてきたわけではありません。周りに助けられて今があると理解すれば、謙虚な気持ちになれますし、そうして力を抜くことで、自然体で、もっとも美しく、自分本来の力を出せるようになるのです。

私は19歳の時から、正観さんがお亡くなりになるまで、多くの時間をともにさせていただきましたが、正観さんが肩肘《かたひじ》を張っているのを見たことがありません。

ベストセラー作家になっても、そしてどんなに仕事が成功している時であっても、静かに微笑んで「おかげさまだけです」と自然体であり続けました。

その姿は、今でも私の見本として、ずっと心の中で輝き続けています。

第五章

道

人生は自分の設計図どおり。
良いも悪いもなく
淡々と起きている。
それをどう取るかが「自由」。
自分の見方に
「由《よ》る」のが「自由」。

正観
斎灯

自由とは、自己責任を負うこと

私たちは、生まれてくる前に、自分の人生を自分で設計して生まれてきたようです。誰と出会い、どんな経験をして、どんな学びをするのか。「魂が経験し、学びたいこと」を軸にシナリオを設計しました。

そう聞くと「もっと贅沢《ぜいたく》な人生を設計したかった」と思う人もいるかもしれませんが、「思考」と「魂」は別です。

また、贅沢という概念は思い込みであり、他人と比べているだけです。

たとえば、都心のタワーマンションの最上階で暮らしている超大金持ちと比べたら、自分の生活は贅沢ではない、と思うかもしれませんが、縄文人と比べたら、たいていの人はみんな、その時代の人以上の生活をしている贅沢者といえます。「上と比べたら貧しく、下と比べたら贅沢」と認識しているにすぎません。

人生設計の基準は、今世であなたの魂が経験したいことです。これまでの生まれ変わりの中で、いろいろな環境やステージを自分が選んでいるのです。

ヨーロッパで生まれたらヨーロッパでの経験を、江戸時代に生まれたら江戸時代での経験をするためです。その人生を精一杯生きる。これが魂がしたいことのようです。

「自由」という言葉は、「ルールを無視した無法的なこと」ではありません。「自分に由《よ》る」という意味です。これは「自分に寄る」ということ。

つまり「自分次第」という意味です。ですから、「自由」をいいかえると「自己責任」という意味です。

私たちの人生は、自分でシナリオを書いて、たくさんの出来事を自分流に解釈しています。まさに自分の人生は自己責任、つまり自由ということです。

それらの出来事に対して、つらいと思うことも自由、学びと捉えることも自由。感謝と捉えることも自由。日々起きているいろんな出来事を、どのように受けとめるかは、自分次第です。

悟るためには3秒

過去の全てを受け入れる。
現在の全てを受け入れる。
未来の全てを受け入れる。
受け入れると
自分が楽になる
「受け入れる」ことが
「悟る」こと。

正観

斎灯

過度な願望を持つと見る世界が歪みます

「悟り」とはなんでしょう。ひとつの解釈として、願望と現状の差を取ること、「差取り」を「悟り」ということができます。

「ああなりたい」「こうなりたい」という願望と、今そうではないという現状の差が、苦しみを生み出しています。

願望が低ければ、差が小さいので苦しみが少ない。

願望が高ければ、差が大きいので苦しみも大きいという構図です。

お釈迦さまは「願望に執着せず、今、目の前のことをありのまま見つめましょう」といいました。

今、現状でいただいている「もの」や「こと」に、あるがままに目を向けるのです。すると、面白いことに、自分はものすごく周りに助けられていることに気がつきます。

ご飯が食べられて電気も使えて、戦争もない時代です。ただ今をあるがままに見るだけで、ありがたいことばかりです。

「願望のない人生なんて寂しいじゃないか」という人もいるかもしれません。でも、これは「理想や計画を持つな」ということではありません。

未来を計画し、実行していくことは、生きていく上で大切です。ただ過度な願望が、苦しみを生み出しているのです。

このように「悟り」を理解できると、いちいち一喜一憂しなくなり、人間関係のトラブルも少なくなります。その結果、心が楽になり、リラックスできるので、本領を発揮しやすくなります。

また、あるがままに世の中を見られるからこそ、幸せに生きる知恵が湧いてきます。

過度な願望を持つことで、歪んで見えてしまう世界に振り回されることなく、ただ、あるがままに受け入れる。あるがままに見る。それが悟ることです。

ものすごくシンプルな、心の整理整頓術です。

正觀
斎灯

学び

聖者は「天の道」に学び、
賢者は「地の理」に学び、
知者は「古き人」に学ぶ。
「学ぶ者」は「学ばぬ者」に学び、
「学ばぬ者」は「学ぶ者」にも学ばない。

学ぶことは、一生の楽しさになる

聖者とは、感謝で生きる人。「天の道」に学び、真理という普遍的な宇宙法則を知っています。

賢者とは、成功者。「地の理」に学び、季節のように移り変わる社会法則を知っています。

知者とは、哲学者。「古き人」に学び、温故知新によって自身の魅力的な生き方を知っています。

人はなにを学ぶのかによって、聖者にも賢者にも知者にもなれます。

そして「学ぶ者」とは、学ぶ意識の高い人のことです。

不平不満をいっている人や、人のせいにしているだけの「学ばぬ者」からも、反面教師として学びます。また、「学ばぬ者」当人すら気づいていない素晴らしいところを見出し、すべてを学びにしていきます。

一方、「学ばぬ者」は、目の前に人生の成功者がいたとしても、話を聞こうとしません。チャンスに気づかないという、機会損失をしています。

「学ぶ者」と「学ばぬ者」。あなたは、どちらになりたいでしょうか。というより、この本を読んでいる時点で、すでにあなたは「学ぶ者」です。

私は学生時代、地元で一番偏差値の低い高校に行き、さらにはそこでもビリの成績を取ったことがあります（笑）。それが今では教育関係のところにも講師として呼んでいただけるようになり「学ぶことの楽しさ」を伝えています。当時の自分からはとても信じられません。

私が正観さんの生き方から一番影響を受けたのは、この「学ぶ者」であり続ける楽しさです。

私は点数を取る勉強は苦手でしたが、「感謝に気づく知恵」を学ぶのは、なによりも楽しく、毎日発見をしています。

三《みつ》る海

まずは信頼される人。
そして尊敬される人。
さらに安心される人。

正観
斎灯

海のように広く豊かな人間に

約束したことを一生懸命に守ろうとすることは、「信頼」につながります。

そして、志を持って活動する人は、「尊敬」されるようになります。

この2つは良い影響力のある人の姿でしょう。ここまでは、一般的に多くの人が目指している目標です。

しかし、正観さんは、さらにその先の「安心される人」を実践していたように思います。

経営者や影響力のある人というのは、力があるがゆえに、周りの人に緊張を与えてしまうことがあります。そして、緊張を与えていることに気づいていない場合もあります。

しかし、「喜ばれる存在」かどうかを考えた時、信頼や尊敬の上にさらに「安心される人」であれ、ということなのだと思います。

優しさや思いやり、考え方を磨くことで、「安心される人」になることができます。

もちろん、信頼されることも、尊敬されることも大事ですが、安心されることも含めた、「三つ」を「満たしていきましょう」というかけ言葉が、「三《みつ》る＝満《みつ》る」という意味です。

そして、海のように広く、豊かな人間であれ、というイメージでこの絵はできています。

正観さんは、それを実践して生きていたからこそ、多くの人に信頼され、尊敬され、多くの人が安心して学び続けることができました。

この言葉は、「あなたもそうなりなさい」というよりも、正観さんが志していた言葉なのだと思います。

投げかけたものが返る。
投げかけなければ返らない。
「うれしい、たのしい、しあわせ
愛している、大好き
ありがとう、ついている」の
祝福神の言葉
またその言葉を言いたくなる現象が
言った数だけ降ってくる。

正観
斎灯
宝
寿
福
福

神さまからも愛される言葉

「ありがとう、ありがとう、ありがとう……」といっている人は、良い人間関係に恵まれやすく、その結果、また「ありがとう」といいたくなるような現象が起きるようになります。これは「言霊《ことだま》」によるものとされています。

今でこそ言霊という言葉はよく聞きますが、正観さんがこのようなお話をされていた１９９０年代当時は、衝撃的な概念でした。

「いった数だけ、その現象が降ってくる」という内容は、言霊的な視点からも、心理学的な視点からも納得できます。

たとえば「つらい・苦しい・つまらない・興味ない・大嫌い・お前のせい・運が悪い……」。こんな言葉ばかりを発している人がいたら、あなたは近づきたいと思いますか？

このように、逆の視点から考えてみると、より意味がわかると思います。

生まれてから人格が形成される10歳頃までは、泣いたり不機嫌になったり、大声で叫べば、だいたい親や大人が駆けつけてきて相手をしてくれます。

「不機嫌になれば願いが叶う」というパターンを10年間、学習してきたわけです。

その学習体験から、大人になってもなお、泣いたり不機嫌になったり大声で叫べば、周りが自分のいうことを聞いてくれると思っている人がいます。

「不平不満をいわない」とは、感情を殺すことではありません。伝えたいことを笑顔で

相手が理解してくれなかったら、理解してもらえるように表現を工夫することを学ぶ。

「ほう（報告）れん（連絡）そう（相談）」をするということです。

それが成長するということです。

もしあなたが福の神だったら、不平不満をいい続ける感謝のない人に、福を与えたいと思いますか？

「うれしい・楽しい・幸せ・愛している・大好き・ありがとう・ついている」と感謝を伝えている人に福を与えたいと思うのではないでしょうか。

福の神だけではなく、誰にとっても答えは同じだと思います。

暗い世の中であってもいい。
だからこそ
明るい人、
輝く人、
照らす人の
価値が高まる。

暗いニュースの意味

「最近の世の中は暗い出来事ばかりだ。不幸なニュースばかり流れている」という人がいます。

暗いと嘆いているのは、誰ですか？

暗いのは、誰の心でしょうか？

事件や事故のニュースを聞いて、暗い社会だと嘆いているだけでは、自分もその暗さの一部分となっているのです。

暗い世の中ならば、明るくするチャンスです。明るい人は、そう考えます。

しかし、よく考えてみれば、ニュースが暗いのは、「みなさんも気をつけましょう」という警戒心をうながすためであり、それがニュースの役割だからです。

私は、講演会に呼ばれた時、自分で車を運転して移動するので、高速道路をよく使います。2018年頃までは、後ろの車に煽《あお》られることが多かったのですが、その後、煽り運転のニュースが多く報道されるようになったので、最近では煽られることはなくなりました。

一見ネガティブなニュースが、多くの人を助けている場合もあるのです。

たとえば、「身の回りでは殺人事件などが多発しているにもかかわらず、テレビでは独裁者のいい話だけが報道されている国」と、「事件のニュースが多く報道されているけれど、身の回りでは事件がほとんどない国」では、どちらがいいでしょうか？

流れてくる情報の表面だけを受け取って、振り回されたり嘆くのではなく、明るく輝く方向に意識を向け、自分は照らす側でいようと思い続けることです。

それだけでも世の中にひとつ、明るさが生まれるのです。

「要求して」
「叶ったら」の
「幸せ」を
数えるより、

正観
斎灯

「すでに
いただいている」
「幸せ」を
数える方が
はるかに数が
多いみたいだ。

豊かな気持ちは、豊かさを引き寄せる

人間であれば「あれがほしい、これがほしい」という願望欲求はあります。「いい車に乗りたいから仕事を頑張ろう」など、生きるエネルギーになる人もいます。ですから、欲望を否定するつもりはありません。

ただ、欲望とは、今「足りない」と思っているものを要求します。そして、それを人から「奪おう」という気持ちに陥りやすく、それが不満の顔つき、不満の言葉使い、不満な行動となって現れます。

すると、周りの人はそういう人とは距離を置きたくなるでしょう。

逆に、すでにいただいている幸せに目を向けてみましょう。

食べられる幸せ、生きている幸せ、便利なインフラなど、多くのことがあります。

いただいている幸せを数えてみると、とても豊かであることに気づきます。気づくことによって、感謝が顔にも現れます。

また「豊かだ」と思っている人は「与えよう」という気持ちになります。

「与えるものは、与えられる」という宇宙法則がありますから、豊かな気持ちになったほうが、豊かさをより引き寄せます。

豊かな気持ちの状態は、さらに幸せを増やしていくので、生産性はずっと高いようです。

歩ける幸せ、呼吸ができる幸せ、目が見える幸せ、これまで生きてきた幸せ、成長させていただいた幸せ、育てていただいた幸せ……。

自分ができることを気がつけるだけ数えてみると、ほら、あなたの顔は輝いています。

未熟な私が人を傷つけたときは、
その倍「投げかけ」をしましょう。
未熟な私が迷惑をかけたときは
その倍「投げかけ」をしましょう。
未熟な私の倍投げを
宇宙はきっと喜んでいます。

正観
斎灯

魂が解放される考え方とは

優しい人ほど、人を傷つけたり、迷惑をかけてしまったことを覚えています。そして、自己嫌悪に陥り、能力があるのに挑戦をやめてしまう人もいます。

一方で、ちょっといい加減な人は、迷惑をかけたことは全部忘れます（笑）。

子どもの頃「周りの人に迷惑をかけないように」と、親から愛をもって教えてもらったかもしれません。これは、世界に比べて日本が多いようです。

それでも自分が未熟だったばかりに、人に迷惑をかけてしまうことはあります（意図せず迷惑をかけてしまうことと、迷惑なことを意図して行うのは違います）。

でも、そもそも人類はみんな未熟者です。

生きていく上で、誰にも迷惑をかけずに生き抜ける人は、この世に存在しません。

迷惑をかけず生きようとするならば、動けない人になってしまいます。

親のため、周りの人のために「迷惑をかけないようにしよう」とするばかりに、なにもできなくなるなんて、もったいないことです。

迷惑をかけてしまったら、自己嫌悪してふさぎ込むのではなく、ひとつでも改善すればいいだけです。それを成長といいます。

感謝をし、ひとつでも「恩《おん》送《おく》り（いただいた恩を、ほかの人に返していくこと）」をしていけばいいのです。

「迷惑をかけることを恐れ、大人になっても行動ができない人」と「成長して倍の投げかけをする人」では、親やご先祖さまはどちらを喜ぶと思いますか？

倍の投げかけをしていく中で、人生はより良い状態になっていきます。

さらには、あなたを存在させた宇宙も、きっととっても喜んでいます。

この言葉は、魂を解放してくれる正観さんの言葉のように聞こえます。

自信作

人生は全て自分の設計。

歩んだ道は全てがベスト。

ベストの選択。

「回り道」も「無駄」もなく、

恨む相手も存在しない

自信作。

正観

斎灯

あなたが主人公

回り道や無駄と思えることも、人生全体を俯瞰して見れば、すべてあなたのドラマの一部です。

魂の目線で見ると、人生全体はひとつの大きな映画のようです。

青春時代の失恋など、年を経て振り返ってみると、それこそ貴重な思い出です。そればかりか、時には人を励ますためにも使えます(笑)。

そういう出来事がなければ、ドラマも映画も面白くありません。いろんな出来事があるからこそ、素晴らしいドラマになります。

そして、そのドラマや映画の主人公は、あなたです。

なにを隠そう、脚本も監督もあなたなのです。

もっというならば、観客もあなたです。

映画のワンシーンで主人公が問題に立ち向かっている時、観客はポップコーンを口に運ぶのをやめて、一緒にハラハラしながら見ているでしょう。それほどのめり込んでしまう映画は、とても楽しくていい映画だということになります。

映画の内容を、人と比べる必要はありません。恋愛、アクション、ドキュメンタリー、ほのぼのストーリー、お笑いなど、気分によって観る映画を選ぶように、あなたの魂も、生まれ変わりの中で、今のストーリーを選んでいるのですから。

「前回は『アクション』だったから、今回は『ほのぼのストーリー』にしよう」というように。

過去の出来事は、未来への伏線です。

素晴らしい脚本家によるベストな演出です。

あなたの人生は、あなたの誇らしい自信作なのです。

付録

写仏

自分だけの仏さまを生み出そう

本書の中から数点「写仏」として塗り絵を用意させていただきました。コツは、笑顔で塗ること。面白いことに、シリアスな顔で絵を塗ると、なぜか絵もシリアスになってしまいます。ですから、笑顔で楽しく描きましょう。

私は画家として、絵の魅力を研究していますが、パワーのあるアートの特徴は、迷いがないことです。

幼い子どもたちが描く「お母さんの顔」などは、みずみずしい輝きがありますが、それは子どもたちに迷いがないからです。

失敗してもかまわない。そもそも失敗という概念すらないので、迷いも生まれないのです。

大人になるにつれ、人と比べて優劣を意識したり、失敗を恐れるあまり迷いが生まれますが、プロは何度も練習をして、自分なりに迷いをなくしていきます。

この「写仏」は失敗しても怒られることはありません。

古本として売りにくくなるだけです（笑）。

色も線もはみ出していい、私よりうまくてもかまいません（笑）。

楽しむこと、失敗を恐れないこと、比べないこと。

まさにこの本で学んだマインドで描いてください。

また、絵の上部に、筆ペンなどで「自分の格言」などを書き入れてみましょう。

正観さんの言葉でもいいと思います。

自分が書いた詩、選んだ言葉は、より自分のアンカリング（心の軸）になります。

用意するものは色鉛筆と笑顔だけ。

存分に楽しんであなただけの仏さまを生み出してください。

できあがったあなただけの仏さまは、切り取って飾ってもいいですし、また写真に撮ってＳＮＳなどで発表してみてもいいでしょう。

『正観さんのしあわせ絵言葉』

『正観さんのしあわせ絵言葉』

『正観さんのしあわせ絵言葉』

『正観さんのしあわせ絵言葉』

『正観さんのしあわせ絵言葉』

『正観さんのしあわせ絵言葉』

『正観さんのしあわせ絵言葉』

『正観さんのしあわせ絵言葉』

あとがき

正観さんは私が出会った頃は旅行作家をされていて、時に旅行ツアーなども企画、運営されていました。

サービス精神が旺盛で、本当に「人を幸せにしたい」「楽しんでもらいたい」と願い、行動されている人でした。だからこそ、どれだけ人から「幸せ」を提供されても、当人がそう思わなかったら幸せにはなれない、ということを、痛いほど気づいていたのだと思います。

多くの人に幸せになってもらいたいからこそ、それに気づける知性を刺激するために、その手段として講演会を行ったり、本をお書きになっていたように感じています。

正観さんの言葉には、不思議な力を感じます。

日常の中で、ふと数秒、その言葉に触れるだけで幸せな気持ちになれます。

本書は、そんな正観さんの数ある言葉の中から一部をお借りして、絵と書を合わせたものです。

私自身もそうですが、多くの人が正観さんに癒され、励まされ、元気づけられています。

何度見ても、常に新鮮な気づきをくれる「幸せの種」のような言葉ですから、気が向いた時に、この本をめくってみてください。

この「しあわせ言葉」に触れた時、きっと新たな視点で世界が見えてくると思います。

本書は、２０１０年に自費出版した『しあわせ言葉の本』をリメイクしたものですが、復刻版を望んでくださったみなさまのお声により、出版が実現しました。心より感謝いたします。

10年の時を経てリメイクされましたが、すべての絵を新たに描きおろし、また正観さんの言葉に対して、私の解釈を入れました。あくまでも「芸術家の変わった解釈」として楽しんでいただければ幸いです。

この度の出版にあたり、株式会社廣済堂出版さま、株式会社ＳＫＰさま、また関係者のみなさま、いつも応援してくださるみなさま、そして本書を手にしてくださったあなたさまに感謝申し上げます。ありがとうございました。

２０２０年4月

斎灯サトル

厄除
大國大神

小林正観（こばやし　せいかん）

1948年東京生まれ。中央大学法学部卒業。作家。学生時代より人間の潜在能力や超常現象に興味を持ち、心学などの研究を続ける。その一方で、講演は年300回以上の依頼があり、全国を回る生活を続けてきた。おもな著書に『無敵の生きかた』『「今」という生きかた』『22世紀への伝言』（小社）など多数。

2011年10月逝去。

現在、正観塾師範代、高島亮さんによる「正観塾」をはじめ、茶話会、読書会、合宿など全国各地で正観さんの仲間と過ごす笑顔あふれる集まりもある。

詳細は株式会社SKPまで。電話：045-412-1685

〈ホームページ〉http://www.skp358.com

斎灯サトル（さいとう　さとる）

1977年生まれ静岡在住。芸術家。大天井画絵師。

10代の頃よりベストセラー作家、故小林正観氏のイラストや挿し絵を担当する。

現在、神社仏閣の「大天井画」の個人制作枚数は日本一。東海地区最大64帖の龍と鳳凰の大天井画など。各地の神社仏閣の「フスマ絵」なども創作。また、全国で講演会も行っており、教育機関や地域や企業から依頼を受け活動中。イベントでは畳数枚分の紙に5分で絵を描くパフォーマンスも披露。涙する観覧者も多い。

絵を描きながら独自の観相学からその人と対話する「個人セッション」は通算2万人以上。体感型心理学の勉強会「みこと塾」を主宰。静岡市三保に斎灯アトリエ美術館もオープン予定。

〈ホームページ〉http://satoruchi.moo.jp/
＊「斎灯サトル」で検索できます

この書籍について、斎灯サトルのホームページにて動画解説をしています。書籍と一緒に楽しんでいただけましたら幸いです。
http://satoruchi.moo.jp/home01/siawa

◎196～197ページの写真：群馬県甘楽郡下仁田町　中之嶽神社「祥運の青龍図」
◎198ページの写真：長野県長野市戸隠　公明院「公明龍王図」

正観さんのしあわせ絵言葉《えことば》

2020年6月11日　第1版第1刷
2024年2月14日　第1版第2刷

著　者　小林正観　斎灯サトル
発行者　伊藤岳人
発行所　株式会社 廣済堂出版
〒101-0052　東京都千代田区神田小川町2-3-13　M&Cビル7F
電話　03-6703-0964（編集）
03-6703-0962（販売）
Fax　03-6703-0963（販売）
振　替　00180-0-164137
URL　https://www.kosaido-pub.co.jp

印刷・製本　株式会社暁印刷
ISBN　978-4-331-52294-3　C0095